...npe d'Israël devant le Sacré-Cœur au sanctuaire de Paray-le-Monial, par MM. les abbés Lémann.

Imprimerie de Saint-Augustin,
DESCLÉE, DE BROUWER ET Cᵉ,
LILLE, RUE ROYALE, 26, ET RUE DE PAS, 19.

AD'-459

16° pièce
D1

La lampe d'Israël devant le Sacré-Cœur au sanctuaire de Paray-le-Monial, par MM. les abbés Lémann.

Imprimerie de Saint-Augustin,
DESCLÉE, DE BROUWER ET Cᵉ,
LILLE, RUE ROYALE, 26, ET RUE DE PAS, 19.

E 17 OCTOBRE 1882, en la fête de la Bienheureuse Marguerite Marie, après le Magnificat des Vêpres, au milieu d'une foule bien sympathique et émue, les deux frères Joseph et Augustin Lémann, fils d'Abraham et prêtres de Jésus-Christ, debout au pied de l'Autel des divines Apparitions, ont béni une lampe, dite la lampe d'Israël ; puis ils l'ont allumée, et fait monter devant le Cœur de Jésus.

La lampe porte cette inscription :

« Cette lampe brûle pour que la lumière soit rendue aux restes d'Israël. »

Elle est l'ouvrage de l'orfèvre Armand Calliat.

Léon XIII était pape ; Mgr Perraud était évêque du diocèse d'Autun, et M. Barnoud, curé-archiprêtre de Paray-le-Monial.

Discite a me quia mitis sum et
humilis corde et invenietis re-
quiem animabus vestris (Matt XI.29)

L'histoire de Tobie au sanctuaire de Paray.

MES TRÈS CHÈRES SŒURS,

MES BIEN CHERS FRÈRES ([1]),

NOUS venons suspendre dans le béni sanctuaire de Paray une lampe symbolique. Elle a été admirablement réussie dans son symbolisme par les soins et le talent d'un célèbre orfèvre et grand artiste, qui est dans les travaux d'orfèvrerie religieuse ce que le bienheureux Angelico de Fiesole a été dans ses peintures idéales et séraphiques.

Et quel est le but de cette lampe?

Elle doit brûler perpétuellement devant le Cœur

---

1. Ce discours a été prononcé par M. l'abbé *Joseph Lémann*.

de Jésus, pour obtenir que la lumière soit rendue aux restes d'Israël : ce peuple qui, à l'heure présente, est tout à la fois persécuteur de l'Église et persécuté en Russie et en Allemagne. Il y a là un dualisme d'opposition que le Cœur de Jésus, seul, est capable de faire cesser.

Nous ne saurons jamais assez vous remercier, ô nos très chères Sœurs, d'avoir bien voulu ouvrir votre céleste sanctuaire à notre entreprise de réparation. Ah! nous entrevoyons qu'à partir de ce moment, la terrible parole : *Que son sang retombe sur nous et sur nos enfants !* va recevoir une signification nouvelle. Son sang retombera bientôt en rosée de lumière et de miséricorde, et c'est vous, ô mes Sœurs, qui, unies devant le Sacré-Cœur aux saintes filles de Notre-Dame de Sion, aurez provoqué, avec elles, cette transformation. Merci, éternellement merci !

Le but, mes Frères, que nous poursuivons en venant allumer cette lampe symbolique, le choix du sanctuaire de Paray pour cette lampe et pour ce but, la certitude que le divin Sauveur, qui a tant aimé tous les hommes, obtiendra miséricorde pour les restes du peuple qui lui a fourni son Cœur et ses battements : tout cela, je vais en quelque sorte le mettre en relief devant vos esprits attentifs, en commentant une des histoires les plus ravissantes de la Bible, l'histoire de Tobie.

Tobie, dans la langue sainte, signifie : *Jehova est mon bien.*

Il importe avant tout de rappeler les circonstances principales de cette charmante histoire.

Tobie l'Ancien est un pieux Israëlite de la tribu de Nephtali, qui a été emmené captif, avec Anne sa femme et son fils Tobie, à Ninive, en Assyrie. Là il exerce les œuvres de miséricorde et ensevelit les morts, mais il devient aveugle.

Un Ange — c'est Raphaël, dont le nom signifie : *Médecine de Dieu* — est envoyé du ciel.

Il accompagne le jeune Tobie, qui part pour la Médie.

Sur les bords du Tigre, Tobie, ayant voulu laver ses pieds dans le fleuve, voit un énorme poisson s'élancer sur lui. Raphaël lui porte secours, l'encourage, lui fait tirer hors de l'eau le poisson, et lui recommande de prendre son cœur avec le fiel, pour s'en servir comme remède.

Leur mission s'accomplit ensuite heureusement en Médie, et les deux voyageurs reviennent à Ninive.

Sur le conseil de l'Ange, le jeune Tobie frotte alors les yeux de son père avec le mystérieux remède.

Le vieillard recouvre la vue et, apercevant à ce moment jusqu'au lointain des âges, prononce, sous l'action de l'Esprit-Saint, le plus étonnant cantique peut-être de toute la Bible.

Tel est le résumé de cette délicieuse histoire. Et maintenant, mes Frères, daignez en écouter le commentaire, les applications.

1. — L'ANGE.

D'APRÈS la loi de perfectibilité, qui est la loi de la nature humaine, qu'est-ce qui se rapproche le plus près de l'Ange, qu'est-ce qui aspire à lui ressembler ? N'est-ce pas une Vierge chrétienne qui vit dans un monastère? En effet, voyez:

La Vierge fait le vœu de pauvreté ; la sainte pauvreté, alors, lui donne en quelque sorte *des ailes* pour qu'elle plane joyeusement au-dessus des choses d'ici-bas ; première ressemblance avec l'Ange.

Le vœu de chasteté fait resplendir encore davantage son état angélique : une vierge, n'est-ce pas un Ange par *la pureté ?*

Et enfin, le vœu d'obéissance achève la ressemblance. En effet, l'Écriture dit que Dieu se sert des Anges comme messagers, pour l'exécution de ses ordres, parce qu'étant de purs esprits, ils sont rapides par cela même. Or n'est-ce pas la même glorieuse *rapidité* que fait obtenir le vœu d'obéissance ? Les Anges regardent le Seigneur, et, sur un signe de Lui, partent comme l'éclair : les vierges reçoivent un ordre et, sans examiner, appliquent toutes leurs puissances à la direction qui leur est commandée.

L'état virginal dans le cloître se rapproche donc vraiment de l'état angélique.

Cela étant, permettez-moi, mes Sœurs, de saluer, dans votre Bienheureuse, l'ange que je veux mettre en relief. Votre Bienheureuse n'est-elle pas l'ange de Paray ? N'est-elle pas Raphaël dans l'histoire de la Nouvelle Alliance ? En effet, voyez encore :

Raphaël, lorsqu'il se découvre à la famille de Tobie, dit à propos du boire et du manger : *Je paraissais prendre de la nourriture avec vous, mais je me nourris d'une viande invisible, et je me sers d'un breuvage qui ne peut être vu des hommes (1).* N'est-ce pas ainsi qu'a vécu votre Bienheureuse ? Vie presque immatérielle que la sienne ; elle trouvait sa vraie nourriture et son breuvage dans ce Tabernacle adoré !

Raphaël, de plus, signifie, dans la langue sainte : *Médecine de Dieu.* Votre Bienheureuse n'a-t-elle pas été le secours médical, la délicate Sœur de charité instituée par Jésus ? Que d'âmes lui doivent d'avoir été guéries !

---

1. *Livre de Tobie,* chap. XII, 19.

Raphaël, enfin, a guidé les pas du jeune Tobie. Elle aussi est devenue le guide des foules vers ce sanctuaire. O guide virginal ! ô ravissante conductrice ! oui, vraiment, vous êtes Raphaël ! votre mission, vous l'avez remplie comme un Ange descendu des cieux !

II. — LE JEUNE TOBIE.

PERMETTEZ-NOUS, mes Frères, de nous appliquer à nous-mêmes cette ressemblance: d'abord parce que nous n'avons pas beaucoup d'expérience, et ensuite à cause du nom même de Tobie; il signifie : *Jehova est mon bien.* Jehova n'est-il pas redevenu pareillement notre bien dans un jour de grâce et de miséricorde?...

Ce qui me frappe dans le jeune Tobie, c'est d'abord sa confiance parfaite à l'égard de l'Ange, son abandon complet à sa conduite.

O bienheureuse Marguerite-Marie, à vous aussi, depuis le jour où il nous a été donné de vous connaître, nous avons voué pareille confiance. La divine Providence vous ayant fait apparaître sur notre route, nous avons de suite deviné et aimé notre Raphaël ! Nous avons cru en vos paroles, et voilà pourquoi, guidés par votre secrète inspiration, nous nous présentons aujourd'hui dans ce sanctuaire.

Une seconde chose m'a frappé dans le jeune Tobie : c'est lui qui est choisi pour guérir son vieux père, pour toucher ses yeux. O mes frères, je ne sais si je me trompe, mais il m'a semblé qu'il fallait entrevoir et admirer en cela la révérence que le Seigneur daigne apporter dans la conversion du peuple d'Israël. Ce n'est pas à des étrangers qu'il fait appel pour ramener son ancien peuple à la lumière, c'est à des fils mêmes de son peuple. Vous êtes incomparablement plus zélés que nous, ô saints religieux qui m'écoutez, vous êtes des saints ; et vous aussi, vous êtes admirables dans votre charité, ô prêtres de ce diocèse, ô bons chapelains de cette basilique ; mais inclinez-vous devant cette délicatesse de Dieu : c'est à nos pauvres mains qu'il semble faire appel pour toucher les yeux du vieil Israël, car nous sommes ses enfants ! Dieu traite avec révérence, avec un souverain respect, les nations et les peuples comme les individus : *Cum magna reverentia disponis nos (1)*, il dispose de nous avec grande révérence. Il a pensé qu'il serait plus doux au vieux Tobie d'être guéri par son fils plutôt que par un étranger, plutôt même que par Raphaël. Il agit pareillement pour son ancien peuple. O Israël, quand

---

1. *Livre de la Sag*, c. XII, 18.

tu devras un jour sortir de tes ténèbres, il semble qu'il sera moins pénible à ta marche tremblante d'être guidée par des fils, tu béniras ce qui s'est fait dans ce sanctuaire, et tu tressailliras avec plus d'amour quand tu sauras que ce sont des mains de famille qui se sont posées, les premières, avec respect et tendresse, sur tes pauvres yeux aveugles, pour les ouvrir et leur faire apercevoir Jésus-Christ !...

III. — LE POISSON
AVEC SON CŒUR ET SON FIEL.

Remarquez, mes Frères, cette importante gradation :

Raphaël est le messager de la guérison, il indique le remède ;

Le jeune Tobie l'applique, il procure la guérison ;

Mais c'est le cœur et le fiel du poisson qui guérissent.

Qu'y avait-il donc dans ce mystérieux poisson, dont le cœur et le fiel étaient si efficaces ? Écoutez :

Peut-être savez-vous que dans les quatre premiers siècles de l'ère chrétienne, où la persécution était permanente, le signe adopté entre les chré-

tiens pour désigner N.-S. Jésus-Christ fut *le poisson*. La persécution, dis-je, était permanente ; on
était contraint de recourir à mille précautions pour
dissimuler les saints Mystères, et de surajouter en
quelque sorte aux symboles de la foi d'autres
symboles, pour les couvrir et les protéger. Le poisson fut donc choisi pour désigner N.-S. Jésus-
Christ. Mais, me demanderez-vous, pourquoi le
choix de ce signe, de ce symbole ? Voici :

Le mot poisson, en grec, s'exprime par le mot
ιχθυς. Or les cinq lettres grecques de ce mot
ι—χ—θ—υ—ς, prises séparément, l'une après l'autres, forment les initiales de toute cette phrase
parfaite: *Jésus—Christ—de Dieu—Fils—sauveur*.
Lors donc que les premiers chrétiens persécutés,
traqués dans leur culte comme dans leurs person-
nes, rencontraient quelque part les cinq lettres
conventionnelles du mot grec ιχθυς, sous ces initiales mystérieuses ils allaient plus avant et ado-
raient N.-S. Jésus-Christ. Voilà comment, dès les
temps les plus reculés de l'ère chrétienne, le poisson fut regardé comme le signe de notre divin
Sauveur (1).

Ce rapport symbolique de N.-S. Jésus-Christ
et du poisson dans les usages de la primitive
Église, est, n'est-ce pas ? très remarquable, mais
il est, peut-être, plus remarquable encore dans
l'histoire de Tobie, et surtout il est plus touchant

---

1. *Cornelius*, t. XII, p. 852.

à cause des applications morales aux âmes chrétiennes et au peuple d'Israël.

En effet, jugez :

La scène se passe sur les bords du Tigre ; le poisson est hors de l'eau. L'ange Raphaël dit alors au jeune Tobie : *Prenez son cœur et son fiel... ils deviendront des remèdes (1).*

« Ce poisson, c'est le symbole du Christ », s'écrient dans un concert unanime les Pères de l'Église. Ils ajoutent : « Ce cœur et ce fiel expriment son amour et sa passion : son amour, désigné par le cœur ; sa passion, désignée par le fiel. » Ainsi parlent saint Augustin, saint Optat de Milève et le vénérable Bède (2).

Jusqu'à ce jour, mes frères, on pouvait admettre ce rapprochement sur des témoignages aussi graves que ceux de ces saints Docteurs. Mais ce qui s'est passé, depuis lors, dans ce sanctuaire, ah! ne laisse plus de doute sur le rapprochement.

Un jour donc, cette chapelle s'est transformée en un fleuve de grâces, des rayons partaient comme un courant du haut de cet autel ; et dans ce fleuve, dans ce courant, apparaissait le Christ. Il montrait *son Cœur*, et son Cœur, vers le sommet, était *entrelacé d'épines....*

J'ai été saisi et j'ai compris :

Sur les bords du Tigre, le cœur et le fiel ;

1. Chap. VI, 5.
2. *Cornelius*, t. IV, p. 293.

Dans ce sanctuaire, le Cœur et les épines;
Le rapprochement était saisissant!

Ce n'est pas tout:

Prenez son cœur et son fiel, avait dit sur le rivage l'ange Raphaël à Tobie, *ils deviendront des remèdes.*

Eh bien, de l'autre côté de cette grille claustrale, comme sur un rivage, s'est tenu également le Raphaël de la Nouvelle-Alliance, l'ange de Paray, qui a crié au monde: O monde, prends son Cœur, adore son Cœur: *Voici ce Cœur qui a tant aimé les hommes,* au point de *tout souffrir* pour leur amour—*le Cœur entrelacé d'épines*—le Cœur et le fiel, sers t'en, ô monde, c'est le remède des derniers temps!

Et le monde l'a entendu ; et un grand nombre d'âmes, imitant la docilité du jeune Tobie, ont suivi les instructions de l'ange de Paray: elles ont usé du Cœur couronné d'épines, et le divin remède a dépassé leurs espérances! Oh! oui, n'est-ce pas? vous tous qui m'entendez, vous avez été guéris:

Vous, vous avez été guéri dans les blessures de votre âme; l'Ange de Paray avait rapporté, de la part de Jésus : *Les pécheurs trouveront dans mon Cœur la source et l'océan infini de la miséricorde.*

Vous, vous avez été guéri dans votre tiédeur; l'ange de Paray avait rapporté : *Les âmes tièdes deviendront ferventes.*

Vous, vous avez été guéri dans vos chagrins de

famille, l'ange de Paray avait rapporté : *Je mettrai la paix dans leur famille.*

Vous, vous avez été soulagé dans vos tristesses ; vous, dans vos tentations ; vous, dans la perte d'un enfant chéri ; vous, dans vos anxiétés et vos incertitudes. Ah ! le Cœur entrelacé d'épines a été accessible à tous, merveilleux pour tous : il a produit des merveilles de guérison. Eh bien, permettez, permettez qu'à notre tour, nous, descendants par notre chair et notre sang de la race de Tobie, nous nous approchions : nous avons un vieux peuple aveugle, et nous venons demander au Sacré-Cœur entrelacé d'épines la guérison de ses pauvres yeux...

IV. — LA GUÉRISON DU VIEILLARD.

SUR le conseil de l'Ange, dit l'Écriture, le jeune Tobie, faisant usage du mystérieux remède, *en frotta les yeux de son père. Et après qu'il eût attendu environ une demi-heure, une petite peau blanche, semblable à celle d'un œuf, commença à sortir des yeux ; le jeune Tobie la tira, et aussitôt son père recouvra la vue, et revit la lumière du ciel* (1).

---

1. Chap. XI, 13-14.

Symbolique et admirable scène, disent encore dans un sentiment unanime tous ceux des Pères de l'Église qui ont commenté l'histoire de Tobie: symbolique scène, figurative guérison; elles sont l'annonce de la clarté qui doit être rendue un jour au vieux peuple de la Judée; car des yeux de ce peuple qui ont vu le Sinaï et qui sont devenus aveugles au pied du Golgotha, quelque chose également doit être retiré et sortir, un voile doit tomber (1).

Mais pour cela, il faut faire usage du divin remède : c'est ce que nous allons commencer dès cette heure, sous la direction de notre Raphaël, c'est-à-dire dans la fête même de l'Ange de Paray.

Voici donc l'application du remède. O Cieux, écoutez-le et vous, restes d'Israël, commencez à tressaillir, comme tressaillit le vieux Tobie, lorsqu'il sentit sur ses yeux la main de son propre enfant.

Une lampe va désormais brûler devant la face du Sacré-Cœur: la voici suspendue.

Elle est dédiée au *Fils de David*, parce qu'il est écrit qu'un jour les enfants d'Israël doivent reconnaître et acclamer N.-S. Jésus-Christ comme fils de David (2).

Il y a sur le contour de la lampe des scènes

---

1. *Cornelius*, t. IV, p 303.
2. *Osée* III, 5.

touchantes tirées de l'Écriture, par exemple celle-ci : un groupe d'Israëlites se frappant la poitrine au pied de Jésus en croix, avec cette inscription : *Ils regarderont vers moi qu'ils ont percé, et ils pleureront (1)*.

Enfin, en couronne autour de la lampe, sont gravés, enchassés dans l'or et l'émail, *les noms des 12 tribus d'Israël*, chacune avec ses armoiries ; et à la tête des tribus se tiennent des anges, dont les mains portent des flambeaux, comme pour conduire les tribus d'Israël au Sacré-Cœur, qui les attend.

Cette lampe va donc brûler désormais devant la face du Sacré-Cœur, son huile sera le symbole du remède qui va opérer *suavement et fortement*, avec douceur et efficacité ; et sa lumière annoncera celle qui doit être rendue aux yeux de notre cher peuple. O lampe, tu brûleras, n'est-ce pas, pour hâter ce réveil à la clarté ? Et toi, ô huile de la lampe, sois heureuse de te consumer pour un si noble but !

Serons-nous exaucés ? le serons-nous bientôt ?

Oh ! comment en douter, lorsqu'on se trouve en présence même du Sacré-Cœur, et puis lorsqu'on médite la magnifique prophétie inspirée par l'Esprit-Saint à Tobie, après que ses yeux se furent rouverts à la lumière. Chose étonnante, son regard,

2. *Zacharie*, XIII, 10.

éteint durant plusieurs années, pénètre, à ce moment de la guérison, jusqu'au plus lointain des
siècles. Il ouvre la bouche, et il prophétise ceci :

*Jérusalem, Cité de Dieu, le Seigneur t'a chatiée à
cause des œuvres de tes mains ; mais il a eu de nou-
veau pitié de toi(1)*... Puis, après avoir ainsi salué
la délivrance, du fond de sa captivité à Ninive, il
annonce que les Nations viendront des climats les
plus reculés se prosterner devant Jérusalem, il dit:
Elles invoqueront le grand Nom au milieu de toi(2).
Ce nom invoqué par les Nations au milieu de Jérusalem, c'est le nom de JÉSUS-CHRIST, le grand
Nom qui rayonne depuis 19 siècles et rayonne seul,
est invoqué seul au milieu de la Cité de David,
Jésus-Christ, le grand Nom de Jérusalem !

Après cela, le vieillard abaisse son regard sur
son propre peuple, et il s'écrie: *Rends grâces au
Seigneur, Jérusalem, bénis le Dieu des siècles, afin
qu'il rétablisse en toi son tabernacle et rappelle à
toi tous tes enfants captifs (3).*

Puis il ajoute avec une émotion et une grandeur
inexprimables : *Je serai heureux s'il reste encore
quelqu'un de ma race pour voir la lumière et la
splendeur de Jérusalem. Ses portes seront bâties de
saphirs et d'émeraudes ; toute l'enceinte de ses
murailles sera de pierres précieuses ; toutes ses places*

---

1. Chap., XIII, 11.
2. Id , 14.
3. Id. 12, 17, 19.

publiques seront pavées de pierres blanches et pures;
et l'on chantera le long de ses rues : Alleluia... (2)

Telle fut la prophétie du saint vieillard.

Le dernier mot, mes frères, n'a donc pas été dit sur Jérusalem. Dans son alliance avec le peuple juif, la cité déicide· doit se repentir et se transfigurer en une cité supérieure. O sans doute, la prophétie de Tobie s'est déjà accomplie dans presque toute son étendue par rapport à l'Église, Jérusalem mystique; mais elle contient cependant, comme le reconnaissent de graves interprètes, la promesse d'un certain grand triomphe qui ne s'est pas encore vu et qui donne espérance. Je salue donc, moi aussi, avec transport ce triomphe à venir, et, dans les dernières miséricordes de Dieu sur Jérusalem, j'entrevois, ah! non pas, certes, la domination temporelle et égoïste du peuple Juif, mais sa conversion, son humilité et son zèle au service de l'Église catholique. Comme l'a prophétisé Tobie, *on chantera le long de ses rues : Alleluia !*

En conséquence :

Puisse cette belle et consolante prophétie de Tobie obtenir bientôt sa réalisation! Mais pour cela, puisse le divin Cœur de Jésus-Christ entrelacé d'épines —*le cœur et le fiel*— ramener une soudaine lumière aux yeux des chers Israélistes! O Cœur

2. Id., 20-22.

de Jésus, combien mettrez-vous de temps à ramener la lumière à leurs yeux? Vos Écritures disent que le remède tiré du poisson ne mit qu'une demi-heure :. *après environ une demi-heure, une petite peau blanche, semblable à celle d'un œuf, commença à sortir des yeux; le jeune Tobie la tira, et aussitôt son père recouvra la vue et revit la lumière du ciel.* Le remède en Assyrie ne mit donc, pour guérir, qu'une demi-heure. Ici, ô Cœur adorable, combien de temps mettrez-vous?.. Nous Vous en supplions, Vous non plus, Vous surtout, ô Cœur de Jésus-Christ, ne mettez pas longtemps, Vous êtes l'efficacité éternelle!....

Que, sous votre action, le voile épais, les écailles qui forment leur cécité, se détachent tout à coup et soient arrachées par nos mains !

Puissent alors les dispersés d'Israël éclater en transports de reconnaissance, comme fit le saint vieillard de la tribu de Nephtali en revoyant la lumière du ciel ! J'entends, j'entends déjà, non plus dans le lointain, mais comme dans le voisinage, leurs actions de grâce et leurs acclamations. Ce sont les rugissements du lion de Juda qui s'est réveillé à la foi, mais ce sont aussi les mélodies des harpes de Sion, détachées des saules de la captivité, et qui célèbrent le Sacré-Cœur !

Tobie, dans sa prophétie, est revenu une

deuxième fois sur les Nations ; ah ! il n'a pas oublié les chères Nations.

Il a dit : *Les Nations abandonneront leurs idoles, elles viendront à Jérusalem, et elles y demeureront ; et tous les rois de la terre se réjouiront en elle, en adorant le roi d'Israël (1).*

O Nations, vous aussi vous prendrez donc part à ce grand évènement de la guérison d'Israël, et, touchées de son retour, vous abandonnerez vos propres idoles. Quelles sont donc vos idoles à cette heure, ô Nations ?

Vos idoles, ce sont les faux et absurdes principes de la Révolution dont vous êtes devenues idolâtres.

Vos idoles, ce sont les infâmes emblêmes maçonniques qui chassent les crucifix.

Vos idoles, ce sont certaines mœurs abominables. Vos idoles, ah ! je n'ose pas les nommer dans le sanctuaire de divine pureté... Mais, ô pauvres et chères Nations, vous les abandonnerez : l'Écriture le promet !

Tandis qu'Israël reviendra de son aveuglement, vous reviendrez donc de vos idoles. Dans sa liberté, le Seigneur — comme dit magnifiquement S. Paul, faisant écho au vieillard de la tribu de Nephtali — dans sa liberté, le Seigneur *aura renfermé tous les peuples dans l'incrédulité*, permettant

---

1. Chap. XIV, 8, 9.

et l'aveuglement d'Israël et les idoles des Nations; tous les peuples dans l'incrédulité, *afin de faire à tous* ensemble *miséricorde (2)*.

O repentir commun, ô repentir immense d'Israël et des Nations, je vous salue et vous bénis comme le plus beau jour de l'Église catholique sur terre, et comme le royal et suprême triomphe du Sacré-Cœur !

2. *Épître aux Rom*, chap. XI, 32.

Prière à N.-S. Jésus-Christ Fils de David et Roi, pour le salut des Nations et des restes d'Israël.

JÉSUS, Fils de David, ayez pitié de nous,

Sainte Marie et saint Joseph, de la maison royale de David, priez pour nous.

Sauvez les Nations qui périssent, et les restes d'Israël, nous Vous le demandons par le Sacré-Cœur.

EXPLICATION.

Les Évangiles témoignent que lorsque le Sauveur parcourait la Judée, les malades obtenaient toujours leur guérison en se servant de cette invocation : *Jésus, fils de David, ayez pitié de nous.* En même temps qu'elle était le cri de la misère vers la miséricorde, elle était aussi un hommage rendu à la royauté du Sauveur comme étant fils de David.

Cette invocation si douce, si brève, n'est-elle pas très opportune à cette heure et très précieuse pour la piété, puisque d'une part la société est bien malade, et que d'autre part on ne veut plus de Jésus-Christ comme roi. Disons donc : *Jésus, fils de David, ayez pitié de nous.* Ce sera une supplication pour être guéri, et un hommage à notre divin Roi.

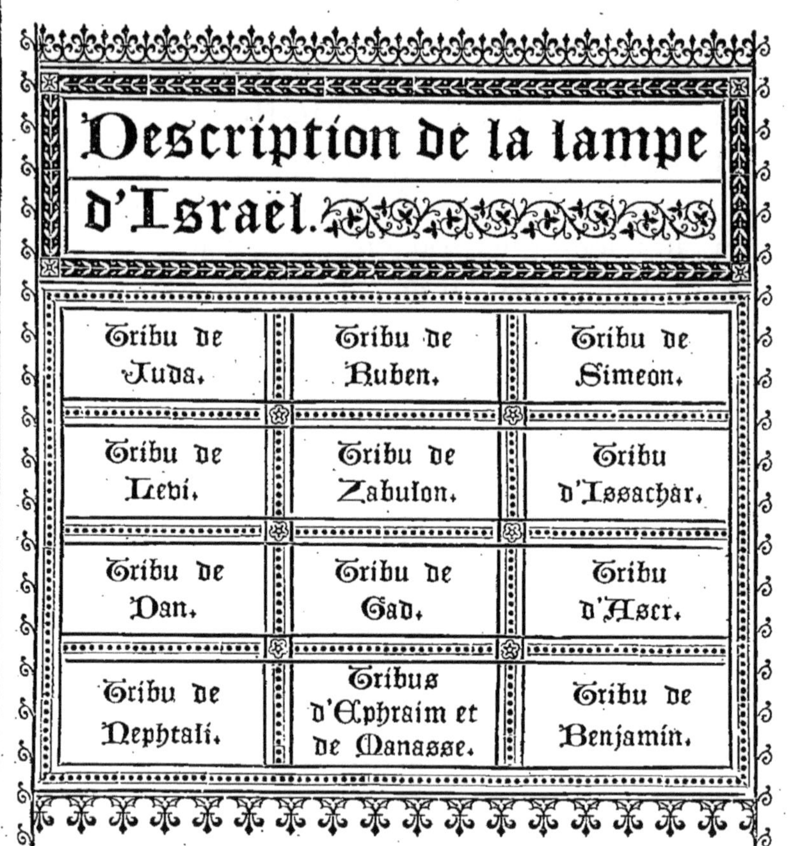

I. — L'Idée-mère.

LA LAMPE est dédiée au Cœur rayonnant de tendresse de Notre-Seigneur Jésus-Christ considéré comme fils de David et Roi, parce que comme fils de David il est Roi.

D'après cette idée, 1º le Début de la lampe est un *médaillon* suspendu à la pointe, représentant sur une face *un Sacré-Cœur rayonnant*, et sur l'autre *l'arbre de Jessé* ou tige de la famille de David.

2º Le COURONNEMENT de la lampe est :

1º Les *banderolles* que portent les anges, sur lesquelles se trouvent ces inscriptions :

Hosanna au Fils de David, cri de Jérusalem au jour des Rameaux.

Béni soit Celui qui vient au nom du Seigneur. Le Sauveur a dit un jour aux Juifs aveugles et ingrats : « Vous ne me verrez plus désormais, jusqu'à ce que vous disiez : Béni soit Celui qui vient au nom du Seigneur. » Ce cri est gravé sur la lampe afin qu'*Il* revienne et que *nous Le revoyions !*

2º Le couronnement est aussi une *tiare*, placée dans les chaînes de la lampe, annonçant la couronne royale que les fils d'Israël, contrits et dévoués, reconnaîtront et maintiendront sur le front du Fils de David.

II. — LES QUATRE GRANDES SCÈNES.

Quatre grands sujets gravés, champlevés sur émail blanc nacré; personnages aux traits ombrés de couleurs locales.

1ʳᵉ scène. MOISE FRAPPANT LE ROCHER, LES ISRAÉLITES BUVANT l'eau miraculeuse, avec cette parole de saint Paul : « *Ils buvaient de l'eau de la pierre. Le Christ était cette pierre.*» Scène figurative des eaux de la grâce que les fils d'Israël doivent boire à la source du Sacré-Cœur. « *Vous puiserez avec joie des eaux des fontaines du Sauveur.* » (Isaïe, chap. XII.)

2e scène. LE SAINT VIEILLARD SIMÉON tenant l'Enfant Jésus et prophétisant : «*Il sera la lumière des Nations et la gloire de votre peuple d'Israël.* » Jésus-Christ a été la *lumière* des Nations ou de la gentilité. Mais il lui est réservé d'être encore la *gloire* de son peuple d'Israël. Jusqu'ici le Sauveur n'a été que ruine et confusion pour son peuple ingrat, mais à l'époque de son repentir, il en sera la gloire.

3e scène. UN GROUPE D'ISRAÉLITES AU PIED DE LA CROIX, se frappant la poitrine, avec cette inscription de Zacharie : « *Ils regarderont vers moi qu'ils ont percé, et ils pleureront.* » Ce repentir est décrit par le prophète (chap. XII) en termes qui annoncent un grand miracle et une grande douleur.

4e scène. LA TRÈS SAINTE VIERGE dans l'attitude de l'extase et prononçant cette parole de son Magnificat : « *Il a repris Israël, son enfant, se souvenant de sa miséricorde, selon qu'il l'a promis à nos pères, à Abraham et à sa postérité pour toujours.*» La noble fille de David est entourée d'anges qui célèbrent avec des instruments de joie cette parole du *Magnificat* et le retour de l'enfant prodigue dans les bras étendus de la Miséricorde.

III. — LES DOUZE TRIBUS D'ISRAEL AVEC LEURS ÉCUSSONS.

Au-dessus des grands sujets, 12 écussons avec les symboles des 12 tribus d'Israël, également champlevés sur émail rouge.

Autrefois, le Grand-Prêtre, lorsqu'il se présentait une fois par an dans le *saint des saints*, y entrait en ayant sur sa poitrine les noms des 12 tribus d'Israël magnifiquement gravés sur 12 pierres précieuses qui formaient le *rational*.

Désormais, c'est le *Cœur de Jésus* lui-même, *saint des saints* par excellence, *rational* d'une infinie richessse, qui présentera à la divine miséricorde de son Père les noms des 12 tribus.

Chaque tribu est représentée sur la lampe par son écusson, accompagné de son nom. L'écusson de chaque tribu a été formé, soit par l'étude attentive des paroles de Jacob mourant, qui a béni chaque tribu d'une façon orientale ou imagée, soit par l'étude historique de la tribu.

1. TRIBU DE JUDA. Son écusson est *un lion qui tient le sceptre*, d'abord parce que Juda a été substitué par Jacob à Ruben dans la prééminence que conférait le droit d'aînesse, et ensuite parce que la tribu de Juda est devenue la tribu royale.

Parole de Jacob : *Toi, Juda, tes frères te loueront; Juda est un jeune lion; il s'est reposé, il s'est couché comme un lion, comme une lionne : qui osera le réveiller ?*

2. TRIBU DE RUBEN. Son écusson est *une eau qui se perd*, parce que Ruben a perdu les prérogatives de son droit d'aînesse, ayant été déshérité par son père Jacob à cause d'une action criminelle.

Parole de Jacob : *Ruben, mon premier-né, tu t'es répandu comme l'eau qui se perd ; n'aie point de prééminence.*

3. TRIBU DE SIMÉON. Son écusson est *un glaive tacheté de sang*, parce que Siméon s'est montré cruel et sans pitié contre les Sichémites, qui avaient outragé sa sœur Dina.

Parole de Jacob : *Ton épée est un instrument de violence.*

4. TRIBU DE LÉVI. Son écusson est *un prêtre tenant l'encensoir*, parce que c'est à Lévi que fut dévolu le sacerdoce.

Lévi s'était montré cruel avec son frère Siméon. Jacob mourant le lui reprocha. Mais plus tard la tribu de Lévi ayant tourné son glaive contre les adorateurs du veau d'or, Dieu récompensa sa fidélité en lui adjugeant le sacerdoce en Israël.

5. TRIBU DE ZABULON. Son écusson est *un navire*, parce que son territoire était situé entre la Méditerranée et le lac de Génésareth. Ce navire annonce les avantages temporels que la proximité de la Phénicie procura à Zabulon.

Parole de Jacob : *Zabulon demeurera sur la côte*

des mers, il sera près du port des navires ; un de ses flancs touchera Sidon.

6. TRIBU D'ISSACHAR. Son écusson est *un âne couché*, en repos, pour désigner la satisfaction que lui procurait la richesse de son territoire, dans lequel se trouvait la fertile plaine d'Esdrelon, chemin habitué des caravanes qui allaient d'Égypte en Syrie et en Assyrie.

Parole de Jacob : *Issachar est comme un âne robuste qui se couche. Il a vu combien le repos est agréable et le pays délicieux.*

7. TRIBU DE DAN. Son écusson est *un serpent qui surprend et désarçonne un cavalier,* pour indiquer que c'est principalement par la ruse que cette tribu s'est rendue célèbre. La ruse, loin d'être méprisée chez les Orientaux, était placée par eux sur la même ligne que la bravoure.

Parole de Jacob : *Dan sera un serpent sur le chemin, un céraste* « vipère d'Égypte, cornue » *dans le sentier, mordant le talon du cheval ; le cavalier tombe renversé.*

8. TRIBU DE GAD. Son écusson est *une cohorte de gens armés,* parce que son territoire, placé au-delà du Jourdain, était comme l'avant-poste des tribus d'Israël. C'était à la tribu de Gad que revenait l'honneur de supporter et de repousser les premiers chocs des peuples ennemis environnants, lorsqu'ils menaçaient d'envahir Israël.

Parole de Jacob : *Gad, des troupes s'attrouperont contre lui : mais lui, il les repoussera en arrière.*

9. TRIBU D'ASER. Son écusson est *une gerbe d'épis*, parce que cette tribu était particulièrement riche en froment et en huile. Son territoire, qui longeait la Phénicie en partant du Carmel, était extrêmement fertile.

Parole de Jacob : *D'Azer, la nourriture est succulente; il pourvoira aux délices royales.*

10. TRIBU DE NEPHTALI. Son écusson est *une biche en liberté*, parce que cette tribu a été particulièrement agile dans les combats. Débora était de la tribu de Nephtali.

Parole de Jacob : *Nephtali est une biche envoyée, qui annonce de belles paroles.*

11. TRIBUS D'ÉPHRAIM ET DE MANASSÉ, fils de Joseph. Leur écusson est *une vigne à double branche*, parce que Joseph, par ses deux fils Éphraïm et Manassé, a eu une double part dans le partage de la terre promise.

Parole de Jacob : *Joseph est la branche d'une vigne féconde; il est encore la branche d'une vigne féconde auprès d'une source qui jaillit; ses rameaux s'étendent sur la muraille.*

12. TRIBU DE BENJAMIN. Son écusson est *un loup ravisseur*, parce que cette tribu était maitresse par son territoire des défilés qui conduisaient dans les riches plaines des Philistins ; Benjamin devait

roder au matin comme un loup, et retourner le soir pour partager son butin.

Parole de Jacob : *Benjamin est un loup ravissant. Le matin, il dévorera la proie, et au soir, il partagera les dépouilles.*

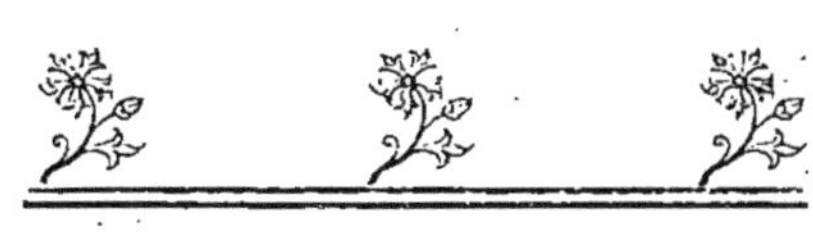

IV. — Les Anges.

Entre les 4 grands sujets, 4 anges portant des flambeaux ; ors de couleur sur les anges.

Lorsque les enfants d'Israël, longtemps captifs en Égypte, quittèrent cette terre de captivité pour cheminer vers la terre promise, l'Écriture dit qu'un ange les guidait : « *Le seigneur dit à Moïse : mon ange marchera devant vous.* » (Exode, XXXII.) — Depuis le déicide, leur captivité a recommencé sur la terre étrangère ; ils sont dispersés partout. Pour les faire entrer dans l'Église, véritable Terre promise, ne faut-il pas que les anges reviennent comme précurseurs ?

Les quatre anges de la lampe sont donc placés à la tête et autour des tribus d'Israël, comme pour les rassembler et les guider. Mais ils ont leurs vêtements parsemés d'yeux. Pourquoi ?

Dans la vision du char de Dieu qu'eut Ézéchiel, les ailes des chérubins et les roues du char étaient

pleins d'yeux : symbole d'une Providence attentive, qui prévoit tout, qui règle tout. Pareils yeux
se trouvent semés sur les quatre anges de la lampe,
pour indiquer qu'ils seront veilleurs infatigables
du salut d'Israël, et qu'ils écarteront les obsta-
cles.

Enfin d'une main ils portent un flambeau pour
éclairer la route d'Israël ; et de l'autre, ils jettent
fièrement dans les airs les banderoles qui annoncent l'hosanna au Fils de David.

*Que les bénédictions du cœur de Jésus-Christ
descendent abondantes sur les nobles cœurs qui ont
contribué à la réalisation de cette lampe.*

LES ABBÉS LÉMANN.

www.ingramcontent.com/pod-product-compliance
Ingram Content Group UK Ltd.
Pitfield, Milton Keynes, MK11 3LW, UK
UKHW021350100726
13657UKWH00006B/1872

9 782019 909093